大学人文教育（第八辑）

赤子情思诗选特辑

周维东　张　莹　干天全／主编

四川大学出版社

项目策划：王　冰　宋　颖
责任编辑：宋　颖
责任校对：张伊伊
封面设计：墨创文化
责任印制：王　炜

图书在版编目（CIP）数据

大学人文教育．第八辑，赤子情思诗选特辑／周维东，张莹，干天全主编．— 成都：四川大学出版社，2021.3
　ISBN 978-7-5690-0042-9

Ⅰ．①大… Ⅱ．①周… ②张… ③干… Ⅲ．①人文科学－教学研究－高等学校－文集 Ⅳ．① C41-53

中国版本图书馆 CIP 数据核字（2021）第 039305 号

书　名	大学人文教育（第八辑）：赤子情思诗选特辑
主　编	周维东　张　莹　干天全
出　版	四川大学出版社
地　址	成都市一环路南一段24号（610065）
发　行	四川大学出版社
书　号	ISBN 978-7-5690-0042-9
印前制作	四川胜翔数码印务设计有限公司
印　刷	郫县犀浦印刷厂
成品尺寸	185mm×260mm
印　张	8.25
字　数	181千字
版　次	2021年3月第1版
印　次	2021年3月第1次印刷
定　价	38.00元

版权所有 ◆ 侵权必究

◆ 读者邮购本书，请与本社发行科联系。
　电话：(028)85408408/(028)85401670/
　(028)86408023　邮政编码：610065
◆ 本社图书如有印装质量问题，请寄回出版社调换。
◆ 网址：http://press.scu.edu.cn

四川大学出版社
微信公众号

学术委员会

主　任：陈　洪（南开大学，教育部教学指导委员会中文学科主任委员）

　　　　李良荣（复旦大学，教育部教学指导委员会新闻学科主任委员）

成　员：（按汉语拼音顺序排列）

　　　　陈引驰（复旦大学）　　陈跃红（北京大学）　　崔希亮（北京语言大学）

　　　　过常宝（北京师范大学）黄德宽（安徽大学）　　蒋承勇（清华大学）

　　　　蒋晓丽（四川大学）　　雷跃健（中国传媒大学）李希光（清华大学）

　　　　涂险峰（武汉大学）　　徐兴无（南京大学）　　张福贵（吉林大学）

编委会

主　　任：曹顺庆

副 主 任：李　怡　　古立峰

成　　员：（按汉语拼音顺序排列）

　　　　　白　冰　　陈雪奇　　顾满林　　姜　飞

　　　　　匡　宇　　李　菲　　李宇凤　　卢迎伏

　　　　　罗　鹭　　王　彬　　阎　嘉　　曾娅妮

　　　　　张朝富　　张　莹　　张　悦　　周维东

主　　编：周维东　　张　莹　　干天全

副 主 编：赵　露　　姜　新

主编助理：王志华　　吴　菁

庚子年春天的赤子情思

——序《大学人文教育：赤子情思诗选特辑》

  2020年春天，"新冠"病毒肆虐武汉，蔓延全国。病毒威胁着亿万民众的生命，疫情破坏了人们正常的工作和生活秩序。在党中央的领导下，全国人民团结一心奋力抗疫防疫，迅速而有效地阻止了疫情的蔓延。这是一场特殊的人民战争，这场战争向全世界彰显了中国力量和中国速度，再次创造了中国战胜重大灾难的奇迹。

  这个春天，我们有深深的焦虑与期待，也有太多的感动和鼓舞。"新冠"肺炎疫情发生后，四川大学认真贯彻中央决策部署和教育系统疫情防控工作视频会精神，及时、果断采取各种措施，全校师生积极响应国家和学校号召，迅速投入抗击疫情的战斗。我校华西医院的五批医护人员先后奔赴抗疫第一线，为抗击疫情做出了重大的贡献。寒假返回各地和留校休假的学生中，有不少志愿者踊跃参加了当地防控与保障的战斗，大多数同学为阻断疫情居家坚守，同时也在积极关注抗疫第一线医务人员、志愿者与社会各界人士所付出的艰辛努力和重大贡献。学校复课后，全体同学一边"线上"上课，一边为抗疫防疫发挥自己力所能及的作用。由于继续防控疫情的需要，我们不能举办传统的春天诗会，但为了表达对众多医务工作者和社会各界人士、志愿者的敬佩和感激之情，反映我校广大同学疫情期间的家国情怀和生活与学习的特殊经历，四川大学文学与新闻学院和《四川大学报》编辑部主办，文学与新闻学院自在诗文社、青桐文学社承办，雅韵古典文学社、文学联合会协办了"同心抗疫·云端相约——四川大学诗歌征文暨云端朗诵会"。这个活动在四川大学团委的大力支持下取得了圆满的成功。

  这次征文活动的诗歌，从个人、家庭、社会和国家多角度地反映了中国人民众志成城、同心抗疫的家国情怀。作者们在一首首充满爱心和激情的诗篇中，以真情实感表达自己的忧虑与期待，颂扬医务工作者救死扶伤和社会各界人士无私奉献的崇高精神，共同抒发了抗疫防疫的必胜信念。从这些作品中，我们看到了川大学子热爱祖国、心系民众的赤子之情；看到了他们美好的青春与力量、人生的责任与担当。"文章合为时而著，歌诗合为事而作"，在用生命守护生命，用温情对抗疫情的现实中，川大学子用诗文表达家国情怀，这正是新时代青年应具备的良心与良知。本辑诗选不仅是川大学子的灵魂在抗疫过程中得到升华的真实写照，也是他们对祖国的美好祝愿。

这个春天，是我们共度时艰、同心抗疫的春天，更是我们充满希望、争取胜利的春天。病魔虽然还在隐隐作祟，疫情并没有彻底消失，但我们相信，全国人民在党中央的领导下，巩固抗疫防线，坚持同心抗疫，一定会取得抗疫的全面胜利。"借问瘟君欲何往？纸船明烛照天烧。"我们的祖国依然会在繁荣富强的道路上坚定迈进，我们依然会在宁静优雅的校园中勤奋耕耘。这是祖国赋予我们的自信，这是时代不可逆转的现实。

干天全

2020 年 5 月 30 日

目　录

在一月北方的土地上（组诗）/ 001
李金辉

反向凝视（外一首）/ 004
张笑语

纪念日 / 007
崔乃琳

力量在乡与村的家（组诗）/ 009
朱善智

三种倔强（外一首）/ 012
许淳彦

交给春天的答卷 / 016
张益智

被偷走的二月（外一首）/ 019
夏璇

我常想 / 021
李思成

回家（外两首）/ 022
李欣芮

纪念 / 024
曹迅

夜间乘车（外一首）/ 026
郑珂

躲 / 028
赵青

很多时候，我都梦见那里 / 030
肖威搏

神话的二〇二〇年 / 032
陈思佳

抗疫感思 / 034
李虹燕

群山之像（外一首）/ 037
高飞

四月四日春天降临
——致敬医者 / 040
杜语

皈依，圣洁的使命 / 042
朱思欣

黎明（外二首）/ 045
李政

疫情下的人 / 047
李硕

目录

我明天就回来（外一首）/ 050
张扬

十时零分（外一首）/ 054
左朋

我们相信 / 057
王浩成

影（外二首）/ 059
罗嘉琦

望归 / 063
王露涓

归来 / 064
向宇歌

夜中明 / 066
丁秋葭

将逝者的歌（外二首）/ 068
黄瀚文

给那个白衣天使 / 070
曹玥瑶

远方
——献给抗疫一线的志愿者们 / 071
吴雅娟

舞 / 072
陈崴

味道 / 073
李可怡

新冠行 / 076
刘明霜

春回（外一首）/ 077
廖傲梅

星星之火，一片新的原野（外一首）/ 079
袁春兰

疫情期间的影像与印象 / 082
朱艳羽

相逢 / 084
麻丽娜

你脚下是你的土地
——写给一线的社区工作者 / 086
吴瑾若

开往春天的地铁 / 088
崔一丁

爸爸的饭菜 / 090
陈玉纯

思抗疫英雄有感（外一首）/ 092
王言

医生 / 093
刘若楠

我 想念的 / 094
吴潇墨

红日磅礴云烟开 / 096
郑祖扬

春归（外二首）/ 098
卢思宇

目 录

花开的季节 / 101
张亚楠

三更读诗遥寄武汉（外二首）/ 102
胡元鹏

明天 / 104
黄若曦

川大与祖国同行（外一首）/ 105
郑钰科

醉后的画 / 108
闫凯

曾经也装聋作哑（外一首）/ 109
彭初倩

房间 / 111
周子琪

共念 / 113
刘诗雅

四色 / 114
吕敏晔

天使的手（外一首）/ 115
曹甄莹

抗疫记事（组诗）/ 117
杨瑞

白衣逆行 / 118
林若然

晚（外一首）/ 119
张佳怡

在一月北方的土地上（组诗）

◎李金辉

拜 年

那时节风吹草动，乡民惊闻了鹤唳
跛了腿的村医，在乡间的路上
已经行走了很久很久

亲切得像远来的客人
坐在砖瓦的屋里面对荒芜的中庭
他说"洒些水吧"
也没敢说消毒，也没穿白色的大褂
他说"求个平安"

老人弯着腰站起来，眉发皆白
沉睡的皱纹在此刻一动
目盲者有些慌乱
在仅有两个人的屋子里问询
"娃啊，外面出啥事儿了？"
医生沉默了，无论说什么都显得残忍
跟行将就木的人高谈病与死
阔论村子里慌乱的生灵

他最终没有回答
他说"没有的事,洒些水驱驱邪"
强笑了一声,握着老人的手又紧了紧
"过几日再来看您吧
年关冷了多添些衣服不要出门"

然后是沉默、道谢、告别
人老了就喜欢说话
但再老些就变得木讷
没要人送,医生紧了紧衣服
又撞进门外的寒风里
跛着脚挪向下一扇门

一 天

从六点开始一天
披上外衣到村委会念稿子
广播声里,村庄还睡意沉沉
不过没关系,要一直播到十二点
保证每个人都能听见
他润了润喉咙
声音从四处的喇叭里飘出来

失眠和劳累已经催红了他的双眼
有时候他很想发笑
觉得自己在管一个幼儿园
勤洗手,多通风
给没有吃喝的人购置粮食
把聚在一起不听话的人赶开

话要好好说,一遍一遍地说
要照顾群众情绪,要完成任务

把聚集在鱼塘捕鱼的人赶走
向外出采购的人叮嘱安全,对了对账单

去外出返乡的人家里问问情况
一个村子转了一遍又一遍
而日头也一点一点坠进平原的地下

当星布满了天空的时候
他从村委班子开完会回家
推了门进院不敢点灯
靠着微薄的月光走进屋里
为早睡的妻儿又掩了掩被子
找到暖壶，盆里注水
安慰疲惫的双脚和心灵
在弥漫的水汽里他点了一根烟
然后看月亮
什么都不干也什么都不想

（李金辉　四川大学文学与新闻学院2017级本科生）

反向凝视（外一首）

◎张笑语

警报响起之前
什么都是匆匆
来不及停留
更无暇凝视
除了那些
隐约离生活很远的事物
比如诗比如画
比如博物馆里的出土物

直到病毒撕裂缺口
时间陷落成深渊
城市封闭出口
喧嚣蛰伏于地表
繁华的链条突然断裂
所有的一切互相凝视
深渊里的凝视掉了头
凝视——
防护服下皱巴巴的脸庞

反向凝视（外一首）

方舱医院里紧邻的病床
医生凝视病人
口罩下静默无声的微笑拉扯眼角
病人彼此凝视
终于看见每张脸上都刻着皱纹

飘浮在深渊外的凝视
落在了细碎的斑点上
凝视——
陌生的街区
九十平方米的房屋
四十二分钟的新闻联播
父母头上新添的几丝白发
凝视无意义的自我
重复循环的空间
和缓慢流淌的日常

东西方倒退着对望反向地凝视
静态画面回溯成鲜活影像
世界在凝视之中开始复苏
正如在我的凝视之下
窗外斜伸的枝丫凋零着绽放了第一朵花

梦与网
——记"疫"里的世界

四下寂寥的街道
是梦吗？
街角诊所屋檐下
蛛网在风里飘摇
不管风最初来自何处
哪里都不安哪里都在坠落
一角开始震动
另一角的水珠微颤地闪光
是呼救的信号吗？

飞舞的蝇虫叫嚣
网已破损谁也别想逃

误捕了病毒渗透进丝线的肌理
是风的肆虐哭喊弥漫
如果世界沉睡在蛛网之上
是梦编织了一切吗？
破碎的网
横野着死亡的气息
别再张牙舞爪地后退着挣扎
小心破损的黑洞膨胀
是重生的前兆吗？

如果世界只是表象
白衣是生命意志否定的代价
企图用苦行交换一个新的梦
如果世界是梦编织的一张网
什么触目惊心我不去想
我要沉沉睡去
醒来又是另一番景象

换一个新的梦吧？
然后再织一张新的网
哪怕伤痕累累打个补丁
十级暴风也奈何不了

如果世界是梦编织的一张网
我们睡去又醒来

（张笑语　四川大学文学与新闻学院 2018 级本科生）

纪念日

◎崔乃琳

死马活马求医
白衣缁衣投生
鲜亮却转瞬即逝的黯淡的血液
痛饮腊月腥辣的风
尘土融进每一个细胞的缝隙
一场漫长的沦陷的开始
每一天都是幸存者的纪念日

纪念，不只是在春天
春日有清明，清明有雨
有眼泪　有被洗刷的血与雪
在漫长的封锁以后
历表总是暗示我
今日，宜静默
——我们都已喧嚣过
如果一切只是一个群体的罪恶
那么我也应该自责
每一场杀戮都与我有关
我亦不能缺席任何一场审判

在最残忍也最美好的四月
空气似乎依然有毒
大街小巷里流动着口罩
像一个巨大的医院
拥挤着候诊的病人
我不安地排队等待
渴望康复　渴望完整的面孔
渴望白色的静止的旗帜徐徐降落
我渴望与你重逢
在春天最好的时候

但你走到这儿就停下了
送到了春天便转身回去
进入一场漫长的冬眠
而我才刚刚醒来
开始理解春天

（崔乃琳　四川大学文学与新闻学院2016级本科生）

力量在乡与村的家（组诗）

◎朱善智

熟透的水滴

小麦熟了，桃子熟了
火龙果也熟了
从严冬到暑夏
从方圆几亩地到整个中国大地
成熟的气味熟悉而又充满嘈杂
其实大地也是会熟的
唯有乡土才有家
黄土地也好黑土地也罢
汗水与黄河、长江之水相比
是有温度的水是熟透了的水滴

带刺的花

月季玫瑰仙人掌
在刺的掩护下成为或热烈或冷酷的风景
这风景
有高有低
有内有外
在院墙边，在家门口
抑或嫁接在小小的盆栽中
父母不懂得专业的陪护
兄弟懂得些许的原理
无论如何
在关照中它们拥有了更坚硬的外壳
也可以说是更坚强的性格

乡音的信仰

曾经乡音是一个老的词汇
今天它似乎是一个老气的词汇
下田在下湖的称谓中
度过了也许百年也许千年
乡音不改是儿时的记忆
乡音改了又改是当下的回音
卷舌与翘舌
音调与音准
在学舌的幼儿的发言下
统统变成了人生的咿呀
父亲掉了牙
孩子正长着牙
牙齿碰撞的一刹那
仿佛感受到了乡音的信仰

爱在村中央

一垄韭菜一畦菠菜
荠菜自由地生长
包子在互换中串起了邻里的爱
爱在传递中呼吸着村庄的氧
不需要握手不需要等候
黎明在夜晚走后
无声地弹唱
爱在村中央

破疫的力量

过年不需要叙事
家的温暖自行去除严寒
零星一片漫天
雪花盖住了棚与田
无论里还是外
生命依旧
饭后透过家人的脊背
我真切感受到了家的坚守
就是力量的不断回流
这力量如苍龙嘶吼
这力量血脉铸就

（朱善智　四川大学文学与新闻学院2018级博士生）

三种倔强（外一首）

◎许淳彦

漂泊的孤岛
像钟摆保持着最初的振幅
也保持面对灵魂的坚守
——正如三月的那个夜晚
月亮坨了　发胀的面糊
没有咳嗽　围城的人们安静下来
擦眼角　点蜡烛
就着烛光，伴酱萝卜、芝麻酱和小葱

有温度的生命，都在奔赴战场
百川汇海，破雪踏霜
就像我看过的那些面孔一样，没有
丝毫的犹疑——命运其实是虚构的棱角
在面对灾难的时候
并不比心脏的跳动声更坚硬
他们的倔强始终连着
深沉的觉悟，连着家国，天下危局
与千古诗行连成雨水落下时，零丁洋的孤寂

三种倔强（外一首）

一个刚刚还在看月亮的身影
穿上白色的衣裳，就变成了天使
她赤脚走进武汉的风暴里
她身后的人，为她举着伞
她却没有回头看
长江大桥横跨排列如鱼鳞　历史和血脉
"我"或是"我们"用相同的声音在呼喊
我和无数个他在合唱一曲
肝肠寸断的歌，在波涛前直面狰狞的恐惧
换下的口罩血迹斑斑
——他们微笑着，神情泰然

向前的一小步
可以解读为一个人的独行，也可以
连接成一个民族灾难中的步履
我在我的身体里分裂、重组，再回归：
扬起血淋淋的手臂　而手指是洁净的
——武汉，不退。
嘶吼开咯血的咽喉　而声音是倔强的
——武汉，不退。

在日出时

这些天，我想过很多次
一个迟暮老人坐在牛车里
哭着看沿途的景色：黄鹤楼在高处
凝望他和他的皱纹——那些记录生死
却不仅仅表达生或者死的刻痕
很多年前就已经遭遇过，残毒的侵蚀

现在需要他回想某些细节
把自己置于危险,把死亡宣告刺耳
的鸣笛写成每一扇窗攥住的灯光
只要它们亮着,希望就还在
我要讲述的离愁如白日倾斜于酒杯的波纹
在纸上,凝重的句号,前面是一首长诗

我也看到很多普通人
他们的一天,仿佛就是一辈子的剪影
战乱时候的学生,飞过穹顶的知更鸟
轰炸机和被烧焦的石头
都是这样沿着山路走进了武汉
壮烈之于残酷的叙事淡去
而日出在江面上摇晃着
似乎有种力量正在把呼吸拧出肉体

在日出时,写武汉或者读取
属于武汉的悲伤
都让我有难以描述的疼
那不是蒲公英和苍耳草本的身体
所能承受的季节变化
那也不是感怀故乡和他乡时
可以坦然诵吟的,"为赋新词强说愁"的腔调

那是鲜活的生命在逝去
数字的跳动　挂起半个家庭的葬幡
雨落在车棚上,敲击出咆哮和呜咽
被安静屏蔽的树叶
卷起身旁遗落的春天。生命

三种倔强（外一首）

昨天，一个哲人说，人人都向死而生
听说人间的词语，进入身体里
留下一首未能写完的诗
——它拒绝任何苍白和空洞
日出的瞬间，可用浓墨，蘸点成逆行者的瞳孔

（许淳彦　四川大学文学与新闻学院2017级本科生）

交给春天的答卷
◎张益智

病毒从苍穹降临
向大地深处蔓延
咳嗽声炸开了冬夜的沉寂
向人们的肺部大举进攻
恐惧的呜咽取代了新年的欢声
染出与佳节相悖的不安

谁曾想过
欢聚时刻,人类被扼住咽喉
畸形口腹之欲的阴影
让我们与世界隔离
破碎的家庭和绝望的眼神
漫过紧闭的院墙,肆意传播
把祖国的颜色加深、变暗

天使从大地升起
他们从远方而来
向疫情动态颜色最深处走去
对阴霾的天空宣战
踏着与归家相反的步履
保卫每一寸艰难立足的土地
净化出一缕缕沁人心脾的空气

繁星从大地升起
不同的制服、各异的口音
带来四面八方的潮汐汇聚
融化冰雪，洗涤大地，消毒空气
守护每一盏需要照明的灯塔
在点亮苍穹的闪光中
我看到他们望向春季

这世上
本没有人生来就是天使
穿上白衣的人，便成了天使
这世上
本没有人生来就是战士
走上前线的人，便成了战士
这世上
本没有人生来就是英雄
挺身而出的人，必定成为英雄

我见天使生于凡尘
我见战士诀别出征
我见英雄负重逆行
他们是中华的底色，是神迹的代言
将发热驱除，向东风邀约
把沉积的空气拿出来换新

在发芽的季节
我们等待了一个漫长的冬季
在揪心的数据下
去回答春天的一系列问题
如今，天空即将破晓
春风送来黎明
在危机中奋笔疾书的答卷
便是我们所见证的春季
随着熟悉的春雨
融入亿万年的山河大地

（张益智　四川大学文学与新闻学院2018级硕士研究生）

被偷走的二月（外一首）

◎夏璇

二月被偷走了内容
只剩下壳子夹在一月和三月间
被滴滴答答的钟表推着，向前走
余下的二月春风，剪开了人群
在二月掉队的那些人，永远地留在了二月

未掉队的，带着未剪的满头蓬松的光阴
和松垮的睡衣睡裙
狼狈地惊惶着被推进三月
然而依旧遗落了什么，在二月

还有那些在一月便已望见四月的人
二月呼啸着碾压过去
在他们脸上耕出血痕与泪
将这血泪，将这生命的养分和水分
输进另外的干瘪的躯体中
拉着他们向前走去

夜 雨

光煜煜裂天,然后响雷了
雨从电光白影撕裂的口子中涌出
像哭,又像歌

它们极缓慢地淌下来
带着一月未落的雪和三月未醒的春
还有被偷走的二月的步履
终于在四月,沉沉地跌在地上
粉身碎骨

飞扬的骨沫溅出时间和宇宙之外
带着此世的悲哭与狂歌
组成另一道波澜,或是散成星的微芒
作为擦亮夜的存在

(夏璇 四川大学吴玉章学院2017级本科生)

我常想

◎李思成

我常想那样沉默的眼神,
不必说一句而千言万语。
我常想那些决绝的背影,
带着温柔的坚定奔向远方。
我常想那一双双斑驳的手,
一缕缕剪落的发丝。
脱下口罩,
也不过是学着前辈们披上白衣的孩子。
我常想那一路披荆斩棘的英灵们,
从不高呼自己的名字,
只埋头将他们深深地刻进泥土里。
我常想像他们一样穿过荒原,
竖起家国的战旗。
你若问英雄在哪里,
他们就在你身边,
有着一张平凡的脸。

(李思成　四川大学华西临床医学院2019级本科生)

回家（外两首）

◎李欣芮

她站在病房的玻璃窗前
这里有十米高墙　阳光似乎总是照不进来
汗水顺着防护面罩划过干裂的嘴唇
像丈夫柔软的亲吻
床上躺着的是一个小姑娘
像她的孩子那样
扎着小短辫子　从来不哭
只会小心地红眼眶
她没什么英雄理想　再多的荣光也无甚意义
她觉得
自己只想把这个小姑娘送回家
我们可以生得平凡
但不能死得黯淡
如果还有机会　她也想亲手
抱抱自家的姑娘

向着光

医院夜里不灭的灯盏
初春的天空中明明暗暗
在灰色的世界里
我想穿上洁白的战袍
戴上自己唯有的生命的勋章
当幸福重返之时
去落日的街头买一束桔梗
在你望着光的方向
送给清晨送给黄昏
送给每一个摇旗呐喊的我们
我想让你看到
当你踏上归途的时候

我不快乐

这个城市的冬天从不下雪
风却很冷冽，裹着北方南下的寒流
席卷过眼角和鬓发
我一直幻想着
待在这里哪里也不去
从冬至到夏日
看着岁月时光随我任意蹉跎
直到夏蝉的聒噪
竹编扇中掠过的微风
都只属于一个我
可惜当想象终于和现实相逢
却发现
我不是真的快乐

（李欣芮 四川大学文学与新闻学院 2019 级本科生）

纪念

◎曹迅

目光　被窗切割成孤岛
这个故事起源于冬日的阴霾
步伐往里　惶然呼号
楚天沉沉的暮霭下是黄鹤楼的尖角
步伐往外　丹心铁浇
驰骋千里的不只是汇聚的战袍

应声而起的不是黄巾一角
你披挂的是白衣不是金甲
不破楼兰不回还的宣誓仍在天地间回荡
一层防护服
是盔甲　是冕袍
隔绝的是死神的镰刀
生生不息的是爱与责任的祝祷

嗡鸣不断的是机械的声音
钢铁的躯壳下是你的心脏
泵动着　挺起雷神和火神山一般的脊梁

纪 念

聚沙成塔　积土成山
大庇天下寒士的愿景悬在心上
长夜不休的灯光烛照四方
万里长城也是由人民垒起
中国速度的记录下是你的臂膀

一脉长江枝繁叶茂
大地上的每一条支流都顺着族谱
滋养着母亲的怀抱
北风在城市上空呼啸
奔流不息的江水永不封冻
等待着春日第一枝倒映倩影的新桃
江岸喧嚣
睡醒的鸭子抖动它蓬松的羽毛

用什么来为这个故事作序
是沉默的哭号
纪念碑上的名字是铭刻于心的哀悼
是激荡的热血
请战书上的指纹是拓印信念的通道
是不愿松开的双手
江河万里　同气连枝
笑谈中死生携手的肝胆相照

这个故事写于二〇二〇年漫长的冬日
随之付梓的是江城的初晓
与九省通衢滚滚而逝的波涛

（曹迅　四川大学文学与新闻学院 2019 级本科生）

夜间乘车（外一首）

◎郑珂

我喜爱这些夜晚
天地黏作一团
光点在毛茸茸的丛林里
缓慢穿行
说只身一人固然不错
但除开一个太阳
泥土金属与骨骼
我们都是黑色
快大声唱起回家的歌
即使从未离开过
是为遥远的
再也无法归家的另一个我唱和

我们一动不动

夜里我们一动不动
一起站在阳台上
远远地数河边的石头
斜对高楼那户灯
落我这儿作了床前明月光
白炽灯的月亮

窗外透明的黑色里有无数个游泳的人
是否溯洄从之
我们却无法得知
道阻且长
道阻且长
大江大河的中央

终日我们一动不动
想象中有多少书信纷至沓来
就有多少沉入湖底的碎片
在胶着中凝固的我们
翻动手中平静
不可感
并不得不为此深深地
深深地致歉

(郑珂　四川大学文学与新闻学院2018级本科生)

躲

◎赵青

看不见的病魔躲在看得见的眼里，
手舞足蹈。
往昔的热闹躲在广阔的寂静里，
悄声哭号。
无知的侥幸躲在光明的建设中，
啃噬前行。
恐惧的口鼻躲进严实的壁障中，
只露出一双渴望。
散落的人类躲进蜂窝般的楼房安生，
英雄在时间的荒涯中奋战。
你和我躲进祖国的怀抱
等待花的开放

如期而至的春天不会躲进冬夜长眠，
光亮——黑暗的杀手，
给它献上英雄的称号，
生命的引领者。

只要春不倒下，
破土而生的绿草就不会躲进厚厚的泥土，
腐朽灭亡。
只要春不倒下，
绿色的风就不会躲进山的屏障，
风筝就不会挂在云上。
只要春不倒下，
窗外的常春藤就会寻着太阳的脚步，
蔓延伸长。

谢谢您，我的祖国。
是您让屋子干净宽敞，
让山河雄健润朗，
春就住了进来。
谢谢您，人民的英雄。
是您托起沉沦的风帆，
驱走寒冷与恐慌。
让儿女躲进四月温暖的怀抱。

（赵青　四川大学文学与新闻学院2018级硕士研究生）

很多时候,我都梦见那里

◎肖威搏

很多时候,我都梦见那里
血脉里熔铸的原乡
在不曾止息的钟摆声中倒数
带着池水鱼塘的腥气
像层层点染的水墨画
在记忆深处的长江水中,荡涤
千年的冰川,化作云气
翻千山、越重洋,在中华大地的腹地之上
蒸腾起一汪东湖水
深沉的悲伤,在其最心脏的位置
如坠落的鸥鹭,涟漪,泛起涟漪
晴川阁下的汉阳树,淅淅沥沥
古琴台空望着那月湖,了无伯牙子期
古老的楼宇临江而立
一只黄鹤飞过
留得一声,一声,再一声
凄厉,凄厉……
很多时候,我都梦见那里
天宇星辰陨落的梦魇
在最真实的幻境里,潘多拉的魔盒开启在
无人问津的繁华之中,开启在
漫漫黄沙的雪地里,亦开启在
慷慨言语的毒药里

喜马拉雅山上的新绿
流下南极冰雪消融的泪水
冬雷阵阵,春雷迟迟
如烟的春虫,在遥远的
撒哈拉,响起彻夜不眠的夜曲
古老而神秘的预言
伴着一只又一只的黑蝠
从黑暗中发出恶魔的梦呓——
孱弱的人,你还在为谁而叹息
很多时候,我都梦见那里
无所畏惧的城和子民
与四海之内的弟兄一道
与未知的未知相搏斗
因无知的无知而反省
血汗铸就的白墙一幢幢拔地而起
往来迅疾、匆匆步履
拂过死神面颊的逆行者
那一袭袭翩翩白衣
高洁的灵魂,炽烈的誓言
在那片土地之上,久久回响
那一刻,四月樱花开满枝头
那一刻,莲藕排骨香溢神州
我曾梦见那里,在很多时候
热干面舞蹈的早市
江上红皮汽船的鸣笛
野杜鹃开了,在汉水、长江
三镇汇集的地方
是啊,南方落雨兮兮的日子
我总会梦见那里

(肖威搏　四川大学文学与新闻学院2017级本科生)

神话的二〇二〇年

◎陈思佳

二〇二〇年伊始
潘多拉之盒被完全打开
澳大利亚山火仍肆虐不止
漫天的蝗虫从东南亚席卷而来
奈良的神鹿在无人的街道上狂奔
一座城市在瞬息间瘫痪
世界辗转于痛楚中呻吟

普罗米修斯当年盗取的火种还有个"文明"的雅号
自然化身的众神已预备好怒火的倾倒
给予人类的喘息也足够漫长
足以让掠夺的脚步蔓延到丛林的深处
和对神明的恐惧一同抛弃的还有对自然的敬畏
人类走出愚昧转而陷入新的愚昧

最先警醒的智者被屈辱地钉在高加索
哨子来不及吹响先从手中滑落
所幸盒底的希望被交给中国
十四亿人民齐隐于市
负伤的武汉被母亲安抚入睡
方舟于灾难降临后迅速开始建造
病人相继登船希望逃离死神的魔爪
运向大船的物资从四面奔来
白衣毅然走入并向背后抛出土地的残骸

(陈思佳　四川大学轻工科学与工程学院 2019 级本科生)

抗疫感思

◎李虹燕

乙亥末来庚子春，本迎团圆喜庆年。
怎奈突发冠状病，从天而降不可挡。
疫起荆楚似炸雷，危害民生肆意狂。
此次九州多风雨，来势汹汹挠人心。
乌云密布碧空遮，阴霾笼罩夜难眠。
当年非典仍犹记，今日降魔党牵挂。
央令逆行灭瘟神，叱咤驰骋齐抗疫。
一方有难八方援，千城万户同协力。
众志成城铲病根，同舟共济驱魔冠。
临危受命何所惧，壮士请战虎山行。
历险冲锋涌前线，争先恐后打头阵。
背井离乡久辞别，亲人相隔泪满襟。
天使逆旅四面来，分点布局保安康。
奔赴阵地聚一堂，英勇威威显神通。
年迈专家重出山，义无反顾踏征程。
仿若华佗留青史，迟暮之年济众生。
肩挑大任经验丰，巧用睿智施妙术。

雷火神山连夜建，收治病患举国安。
医者仁心用良方，苍生性命放心间。
救死扶伤拼全力，自身利益尽舍弃。
外在形象暂不顾，长发甘愿剃短发。
疲惫双眼血丝布，口罩包裹脸生疮。
不舍昼夜热汗淬，不计生死斩妖孽。
心怀天下施大爱，恪守职责献真情。
忠肝义胆照希望，患难与共心永恒。
铜墙铁壁联防筑，通城关卡严把控。
监测站点如堡垒，复量体温无怨言。
远乡儿女隔空望，万里欲回终不能。
情谊互添保护色，亲友不聚少千言。
昔日闹市沦空城，史无前例荒凉景。
生活好似暂停键，人烟气息渐消散。
抗疫横幅尽收眼，高音喇叭循环放。
志愿人士勇奉献，不辞辛劳挨家问。
万户巡防守家园，千村封路鸟难飞。
黎民百姓志气足，步履停息凝合力。
闭户宅家待时命，声声号令精神抖。
心念壮士负重行，忧国忧民意难平。
不见亲友锁冬秋，只为来年幸福聚。
献物捐款义气浓，竭尽所能护周全。
临窗顾盼壮士归，时刻担心性命危。
关注时事晓动态，无奈感人泪珠落。
每次听闻噩耗传，揪心难忍独自伤。
善良英勇却挥别，明星高挂永不坠。
年轻有为却牺牲，熊熊烈火永不熄。
未曾蒙面却铭记，奇迹名字永不朽。
蜗居执笔写感思，以诗抗疫也担当。

一线连心织大网，八方挽臂铸长城。
铁骨铮铮扛大局，一片丹心照向阳。
满腔热血为国民，大爱无疆弘正气。
黄河儿女抒豪迈，赤胆忠肝生敬畏。
宏伟战绩远传扬，世界惊奇由衷赞。
天佑中华圣贤聚，抗疫降魔谱传奇。
凝聚军心挽狂澜，直至打赢无烟战。
奇风烈雨几时消，举国上下几时安。
寒冬凛冽终逾越，难阻春风百媚生。
待到疫魔清除日，阖家幸福把孝尽。
百业门开人烟闹，把酒言歌颂欢庆。
神州决胜迎芬芳，扫却阴霾艳阳挂。
晴空万里彩虹现，悠然自得沐清风。
国泰民安盛世康，繁华与共永安宁。

（李虹燕　四川大学公共管理学院2018级硕士研究生）

群山之像（外一首）
◎高飞

穿过朦胧的晨雾
悠远的脉搏从千年前涌来
蹚过寒冷的冰河
激荡的信仰从百年前崛起
当严冬的谢幕没有带来春日的生机
当佳节的烟火不能驱走突来的灾厄
疫病的乌云压迫让天空低沉
奔腾的江水仿佛要窒息着停滞
东来之柔风只得匍匐在街市上时
真正的春天从深沉中苏醒
青春的沃土中隆起了支柱
地基之下是悠远温暖的热血
峰峦如头颅高傲地仰向天空
坚韧的中国土地上
是一座座擎天的山峦
冉冉升起

从西岭雪山的冰洁
到东岳泰山的沉重
从南陲玉龙的灵动
到北疆贺兰的豪迈
疾病的愁云要被抬起
阴沉的幕障要被穿破
每块磐石的朴素抬起意志的坚毅
每寸泥土的平凡承载民族的情谊
大地震动着涌向江城龟蛇两山
新生的峰尖要冲破灾难的云翳
青春之花要在春光下自由呼吸
就让这力量的土石沉淀在这崭新的时代
让这群山穿过这灾难的丘壑
冲破这病毒的试炼场
让这青春所汇成的峰峦
高昂着走过这场盛夏
更要度过无数个秋冬
支撑起中华儿女的脊梁
开拓出崭新时代的天空
把时代的群山之像
铭刻进历史的永恒

搏 动

当芳春的繁花没有眼眸去欣赏
似乎花蕊都要流下苦涩的蜜
当欢脱的飘絮没有双手去捧起
就连杨柳都要流连着摇曳
当阳光下的街市没有双脚去踏足
整个春天都在安静地等待
当这片土地不能畅快地呼吸
那不妨让这时代俯下身去聆听
那鲜红的深沉孕育其下的
无数炙热的心脏
一同搏动的声音

(高飞 四川大学水利水电学院2018级本科生)

四月四日春天降临
——致敬医者
◎杜语

　　一只手悄悄地揭开封条一角
　　人们从密封罐头中流出
　　笑容自口罩边沿泛滥
　　嘘——你看

　　山坡草地竹栏杆
　　枝杪雀语溪桥畔
　　最是那车马行人路旁公车站
　　——春天在

　　谁将寒冬吞咽
　　使我得以嗅着春繁
　　又是谁将风雪酿成芬然
　　允我狠命咀嚼花意
　　允我贪婪捕捉这迟到的晴暖

四月四日春天降临——致敬医者

一二稚童牵着纸鸢飞过草地
三五少年少女分外憨娈
七八家人围坐怨樱花太姗姗
十几处春天竞相盛绽

这是替谁而看?
如若他们闭上双眼时
鼻腔中只有消毒水的味道
眼里映着的只有寒枝
——尽管新芽将要斑斓

三分钟的低头沉默
忽轻忽浊如久如暂
数千公里之警笛似急似缓
如耳鸣川流于颅腔
又向外发散

四月四日春天降临
你问
春之神谓谁?春之神在安?
我说春之神着白衣——
就在人们的眼前

(杜语 四川大学文学与新闻学院 2019 级本科生)

皈依,圣洁的使命

◎朱思欣

我自庄严宣誓的那刻
心便有了归处
我将誓词一遍遍镌刻于心
比岳母刺字还要烧灼
我忍着灼痛
压下叫嚣的魂魄
一步一叩首
我走,我拜,我皈依

我不曾茫然过吗?
我看着一条条残忍的新闻
我不曾茫然过吗?
可誓词剜心
每每茫然
都有入骨的疼痛让我清醒

皈依，圣洁的使命

灾难突袭，我也是恐惧的
寒冷封住了欢闹与祥和
敌人却跳着嚣张的舞
我颤抖着与敌人起舞
轻巧地转个圈
趁机将刀子捅入它的心脏
我一刻不停
静止意味着死亡
我听到他们讲——
逆行者、英雄、伟大的人
我摇摇头
谁真心，谁虚假？
谁朝我吐唾沫
谁为我献花？

不要多想，无用
我，千千万万个我
都在一条路上苦行着
是一生修行
我不求步步生莲
我只求我所行之处
只余平安喜乐

我好似赢了
战火已渐渐平息
可敌人狡猾
我仍旧谨慎
恍惚间看向窗外
何时花已开得喜人？
凛冬何时已去？
我看得痴了

我步履不停
我的魂魄愈发澄澈
我的灵台愈发清明
我回望刚冲破的障
它新生，它歌唱
我悲悯、我低吟——
皈依，皈依
皈依圣洁的使命

（朱思欣　四川大学文学与新闻学院2019级本科生）

黎 明（外二首）

◎李政

乌鸦的尖叫声在黑暗中凄厉
这片雷雨交加、狂风席卷的土地
躲着小丑白森森的骨爪
还有吸血鬼的青面獠牙

狠扣住你的咽喉，窒息
幕后的大手闪电般地抽出
黑色的墨水晃翻一地
在这死寂、腐烂的夜，我选择妥协

挣扎是无声的黎明
人们终于捧出火炬
地狱的火镰刀勾住他们的肉体
就是要用鲜血去迎来光明

我信仰着太阳的升起
浴火重生，在东方的地平线上
我们会牵着手，庄重地迎接着
这伟大的，光明啊

彩　虹

没有哪道彩虹的绽放不经历风雨
没有哪座大厦的垒起不经历险阻
没有哪个民族的振兴不经历磨难

我们都是来自黄昏的信徒
这一夜，灯火阑珊，山河飘絮
都是前往黎明的通路

太阳已经重拾温暖
春天正在继续发芽
那朵灼灼如虹
结着我们一场未完成的梦

江城慢

一月风云，九州雷雨，满目山河烽火举。又凭栏，千壑凄肃，冬叶寒烟渚。楚江东去人何处，斜月依依照庭树。

泪光声里辞妻儿，热血心中告父母。念同胞，中华儿女，岂叹风尘苦。借问英雄今何赴，白衣济世应如许。

（李政　四川大学文学与新闻学院2019级本科生）

疫情下的人

◎李硕

那天晚上，我坐在车厢里，
大雪封住了路口，
动车还在铁轨上停留。
那天晚上，你回到家中，
皱着眉头，
隐隐地为不明原因的肺炎担忧。

我终于和家人相聚，
看望老师，拜访亲友，
重逢的喜悦荡漾在心头。
你在医院工作，
就诊的病人越来越多，
职业的警觉告诉你，
现在已经是很危险的时候。

年关将近，
我和久别的同学街头游玩，
偶然看见一条有关肺炎的新闻，
还不忘嬉笑调侃。
你向领导反映，
对朋友叮咛，
结果都石沉大海，
泛不起波澜。

疾病伸长了魔爪，
扯下了面纱，
它有了一个可怖的名字，
"新冠"肺炎。

英雄的武汉关闭了城门，
用城市的关卡阻挡病毒的蔓延。

1月23日，
这一天，
值得纪念！

那一夜，除夕，
我在房间里祈祷，
你在病房外哭泣。
你纵然英勇坚毅，
也看不了那么多生死别离。

病毒肆虐，
恐惧的阴霾几乎要笼罩整个中华大地。

我怕死，
出门买个口罩都战战兢兢。
你也怕死，
但为了挽救生命，
依然奋勇前行。

你和病毒正面交锋，
只因为相信，
救死扶伤是你的使命！
你望着病床上仍在坚持的同胞，
满心同情。

身边的战友倒下了,
你的心中万分悲怆;
更多的同志来自四面八方,
你又重燃了希望!

你用璀璨的生命,
谱写着勇敢和善良。
我相信,
因为你的存在,
人性将不再缺少光芒!

(李硕　四川大学轻工科学与工程学院 2019 级本科生)

我明天就回来（外一首）

◎张扬

我把家门打开
告别了团圆的碗筷
心里却盛满家人的等待
他们问我
什么时候回来
我挥手说，我明天就回来

我在除夕夜离开
对着空荡的街感慨
今晚很难记起新年的存在
寒风问我
你有什么期待
我低头说，希望早点回来

我在医院辗转
警惕着丝毫的懈怠
忙碌竟颠倒了日月黑白
疲惫问我
是否要停下
我忍耐说，我可以撑过来

我明天就回来(外一首)

我在眼中记载
生死与人情的纠缠
也目送过并肩的伙伴离开
眼泪问我
什么我最期待
我太想说,都给我活下来

我在对我独白
其实一切都在好转
只需为生命寄托信心和勇敢
时间问我
何时春暖花开
我微笑说,答案就快走来

我在春光里回来
迈开了轻盈的步态
重逢如常的街道与喧闹
你若问我
还有什么期待
我回答说,夏天想去看海

我把家门打开
看见了团圆的饭菜
带着平安和热泪终于归来
我曾问我
什么时候回来
我现在说,今天已经回来

当

原来没有硝烟的地方
也可能是战场
千万个我
来自四面八方
面对同一片荒凉

为了避免更多悲伤
我们把晚上
当作白天一样奔忙
只因有太多求助的目光
散落在走廊

每一场拯救
都是艰辛的较量
我们从未这般疯狂地
从死亡手里抢人
带回生的曙光

有时哭喊的绝望
撞击在冰冷的沉默的墙
随声波回荡
心爱的人们
悄悄地走进遗像

祷告的重量
让医院变成了教堂
福音的声响
陪伴在每个人的身旁
哪怕没有神像

我明天就回来（外一首）

带着微弱的愿望
或挺身而上
或跌倒再上
只要有一丝力量
绝不能吝啬希望

要知道
春天的芬芳
来自寒冬静谧的隐藏
雪景融化后
自然会迎来花香

天空宽敞
不怕等不到天亮
眼睛会看见太阳
地面接收到光
你我要扬起脸庞

这段颠沛的日常
终将过去
一切都返回如常
当我们离开病房
携手走在街上

（张扬　四川大学文学与新闻学院 2019 级硕士研究生）

十时零分（外一首）

◎左朋

墙上的时钟敲响了
1月23日10时
思绪变得沉寂
双眼逐渐紧闭
外在世界与我隔离
一切动静，都成虚无
一切触摸，无具感知
眼珠被屏障隔离
希望被黑暗埋藏
我的身体难以呼吸
突然，山岳倒转
眼帘摄入一丝黯淡白光
突然，日月模糊
身体进入另外一个世界
这是在哪里，我问
一张张现实生活的记忆
成为脑海里的碎片
断裂，残破，分离

十时零分（外一首）

再不见，身边的亲人朋友
再不见，陌生的同胞
只剩下，怯懦的自己
每到最关键的时刻
总会看一眼过去
勇敢，顽强，坚毅
每到最危险的时刻
总会想一下未来
孤独，恐惧，无力
不能再向前，是吗
不敢再向前，是吗
好像，好像……
我败了
我确实败了
我败得彻彻底底
我败得毫无意义
终究，片刻的考虑
我决定
穿起生锈的盔甲
戴上"英雄"的勋章

慵懒的生命

美好的清晨
睁开了摩挲的双眼
光束，穿透玻璃
丝丝入帘，深灰艳紫
黎明与黄昏，是一场
白与黑，动与静
无限循环的较量
亦是，另一场
爱与恨，我与你
纠缠不清的交织
也许，世间万物
都同样坦然接受
这上天的安排
没有人，没有任何物
可以永恒
在无限的变化中
我们，一起
走向遥远的未来
走向生命的尽头
也许，今日
慵懒而享受温柔
也许，明日
激奋而刀光剑影
我爱这卑微的生命
爱他们的无限轮回
更爱他们懂得休止
停歇，是为了
下一场更猛烈的奔跑

（左朋　四川大学文学与新闻学院2017级硕士研究生）

我们相信

◎王浩成

它从海鲜市场走来,
浑身还带着山野的血腥味。
救护车不停闪烁的蓝色车灯,
给封闭的江城也带来一丝怅寥。

当口罩变成人们哄抢的物品,
当越来越多的交通要道开始设立关卡,
当病房床位再也容纳不下越来越多的病人,
整个江城啊,中国啊,
被染上了一层灰色。

我们相信,因为我们国家有世界上最优越的政治体制。
人民为先,总理赶赴疫区视察慰问,
坚定的脚步是对人们无言的激励。
党旗飘扬,九千万党员化身钢铁长城,
当初热血豪迈的誓言从未褪去半点色彩。
除夕,解放军乘机突破江城雨幕的封锁,
诀别各自温暖的家,只因远方的等待与期望。
十天,几万人不舍昼夜奋斗在雷神山和火神山医院工地,
世界见证的不仅是中国速度,更是抗疫必胜的中国决心。

我们相信，因为我们有着临危授命的白衣战士们。
毅然，84岁钟南山院士驰援武汉，
成为1月18日广州发往武汉的高铁上最美的逆行者。
凛然，手术后第三天就投入工作的张伯礼院士自谑：
"我把胆留在了湖北啊。"
慨然，四万余名来自全国各地的医护人员相聚武汉，共抗疫情；
车站里"华西"与"齐鲁"的相遇，定格成最动人的画面。

我们相信，因为我们每个人都在为抗疫事业贡献自己的一份力量。
我看见，身边的普通人都自发地做起了"宅男""宅女"。
我看见，一车又一车的蔬菜，水果，日常用品抵达武汉；
它们都是全国各地与武汉共同呼吸的脉搏。
我看见，无数青年志愿者奔走菜市，医院，社区；
滚落的一滴滴汗水折射出了奉献的光辉。
我看见，人民教师拿起直尺、圆规和iPad；
在摄像头下成为最有范儿的"主播"。

我们相信，在不久后的某一天，
新闻上的确诊、疑似、死亡人数会是一个大写的"0"；
我们相信，每一位援鄂医生、战士都会乘坐一趟航班，
目的地——是家；
我们相信，各行各业都会从睡梦中苏醒过来，
每座城市都会重新恢复它的烟火气；
我们相信，每一个人都会在这春天里摘下口罩，
放声歌唱，拥抱他人。

我们始终相信。

（王浩成　四川大学空天科学与工程学院2018级本科生）

影（外二首）

◎罗嘉琦

影——是江城的折影
百年昙华，于此刻休憩
缥缈在夜色氤氲的黄鹤楼畔
荡漾在亘古不变的悠悠汉江
却在回响的钟声里淡漠
凝滞了断章的城市光流

影——是阑珊的灯影
曼妙身姿，光怪陆离
摩挲着蹒跚的惶惶步履
邂逅了寂寥的羌笛余音
只身守望空无一人的汉街

影——是脸颊的泪影
垂肩长发被层层盘起
口罩的勒痕刻印痛楚与辛酸
红润的眼眶为生命而啜泣
却依旧挂念无数分崩离析的家庭

影——是街头巷尾的背影
繁星绚烂，昼夜更替
淡褪了流光掠影的霓裳
仅留以漫长的家园守望
尖锐的寒风呼啸凛冽
温柔与你却互相依偎

影——是中华风貌的掠影
雄浑气概熔铸于坎坷与辉煌
镌刻着安详而隽永的时光
待到杨柳晓岸，十里晴川
必有百舸千舟，争流不息

春 困

疫情——回荡不去的阴霾笼罩
居家的恬适与淡然
消逝在抹抹缱绻的春光

我似乎忘却了自己的身份
凌乱的思绪任由倦怠肆虐
颤抖的双手拿捏不动笔杆
却屡次用光阴赎回那短暂的欢愉

习题与字符涣散于疲乏与叨扰
幽闭和寂寥拷打着我的魂魄
激昂的斗志退却着、漫游着
繁星渐去，楼阁听雨
我任由蓬松的棉被糅杂身体
辗转而得的暖融
裹住我，梦忆去远方

守望者

钟声长鸣——新年的武汉
黄鹤楼消隐了玉笛的悠扬
热干面不再氤氲舌尖的馥郁
你的万家灯火黯然失色
你的川流不息蓦然凝结

但是你被拼命地守护
成千上万的守望者
淡褪功名一身
抹去世故半场
不贪恋片刻享受
不畏惧疾风骤雨
只愿以身姿抵挡住汹涌的疫情洪流

在新年的觥筹交错之时
在亲情的阖家欢乐之夜
只因他们是守望者
便毅然挺身而出
争分夺秒，昼夜轮回

灯火阑珊之下
彷徨的身影不屈而决绝
迸发出澎湃的斗志
他们以生命与信念
用血泪和汗水
护住每一个人不倒下
护住每一个家庭的幸福安康
守护武汉不变的繁荣昌盛

武汉啊
你是一座英雄的城
泱泱长江绝不会停止奔流
春日的暖阳也一定会照耀
你沉疴的苦痛会被爱融解
你的感性与优雅会再度燃起

武汉啊
英雄，何时归来？
待到樱花绚烂的日子
当春天来临，胜利可期
人们回眸过去
那永世长存的闪耀与光辉
是守望者的气概与不屈的灵魂

（罗嘉琦　四川大学经济学院2019级本科生）

望 归

◎王露涓

春日不觉散槐花,陇上流水各天涯。
流水无情分付去,淹客念念有思发。
莓苔无复寻屐痕,孤径闲来堕危花。
江畔何日可易安,夜重又逢巴山霞。

(王露涓 四川大学文学与新闻学院 2019 级本科生)

归 来

◎向宇歌

归来总是一个令人动容的词。
整个世界,在这个冬天,瞬间冻结,
我们经历,人类历史上从未有过的世纪停摆,
我们被迫止步,却轻轻起舞。
终于要渐渐归来。

春日归,春日载。
一切美与光明,都将归于崭新的希望。
要像往常一样啊——
湛湛青空,窗边阅读,
悠悠白云,吞噬忙碌。
贪恋睡在风里的短短午间,
悄悄被带走一些厌倦的情绪。
在每一个窈窕的日子里,
对着所有可见的美好事物说,
我爱你,我爱着你。

少年归,少年载。
少年将怀抱无常的爱,带着温存的敬意归来。

归 来

从今往后,在校园里的我们,
将更加理性,盛满皎洁,
带着永恒的希望,成长。
所有逝去和伤痛都会藏在校园盛放的花里,
被我们轻轻别在胸口。

加缪说,"每一个冬天的句点都是春暖花开。"
一场瘟疫,总有解药,
春天,谁都阻止不了。

校园的花已经开了,
愿我们早一些在校园相会,
我们会早一些在校园相会,
四目相接,以春天问候。

你不归来,春光与花皆词不达意。

(向宇歌 四川大学文学与新闻学院 2018 级本科生)

夜中明

◎丁秋葭

黑漆漆的夜吞不下一束光，
明亮的光照在行人心上。
"母亲，您瞧呀！
有人就守在不远的地方！"
"孩子，我在看——
他是志愿在黑暗中守望，
像灯塔，像日光！
守着我们回家的方向。"

黄澄澄的灯悬在顶上，
钟表的嘀嗒声格外响亮。
"孩子，你在吗？
知道你安全我便再无念想。"
"母亲，我在！我在——
在家中等您归来！
但我又怕，
怕您归来时，我已不记得您的模样！"

静悄悄的病房里横卧几张病床，
屋里人们的面容格外惊慌。
"大夫，您还在吗？
我有些害怕，泪也落满脸庞……"
"不要害怕、不要慌张，

请把手交到我的手上。
我们会全力为你护航!
为祖国!为明天的希望!"

我侧耳听着,
那一个个动人的故事。
明亮的光照在我的心上。
我枕着它,入了梦乡,
梦中有熹微的曙光,和春天的芳香。

(丁秋葭　四川大学文学与新闻学院 2019 级本科生)

将逝者的歌（外二首）

◎黄瀚文

当日薄西山，
我将会归去，带着人间的烟尘。
在死亡降临前的漫漫长日里，
古老的故事仍在流传。
毁坏的墙静默春秋，
邻人与儿子，孰是孰非？
如果猜忌和偏见仍在肆虐，
丧钟究竟为谁而鸣？
如果逝去得不到重视，
如果悲痛不能平息争执，
那么不当为我而哭，
当为世间千千万万的生灵而哭。
如果我将会醒来，
就知道这世上的人原是相亲相爱的。

缅　怀

于是夜色渐渐昏暗，
春日的温柔融化在深沉里。
飞鸟轻掠过，
愿你也能一样自由。
群山妩媚的曲线，
河流低唱的小调，

都已是美好的模样，
是你离开前所期许过的。
我试着不再回首，
不再束缚于有你的过去。
蓦然回首，
你已在道路的前方微笑着。
冬天夺去的，
在春天都会再生。

瘟　疫

言语不能承载我的愤怒，
我谴责你这刽子手。
是谁赋予你这样的权力，
让人间的美好，慢慢凋零。
你深黑的魔影，
笼罩在每一个热爱生活的人心头。
你是死神的帮凶，
你让至亲阴阳两隔。
你是巧舌如簧的佞臣，
你挑起列国间的唇枪舌剑。
你是无情，你是贪婪，
你是罄竹难书的罪人。
审判必将来临，
我们瀚如星辰。

（黄瀚文　四川大学匹兹堡学院2019级本科生）

给那个白衣天使

◎曹玥瑶

我想和你在太阳下转圈圈,
裙摆扬起的尘土间透过太阳的足迹;
我想和你在月亮下数星星,
肩并肩,头挨头,眯起眼睛;
我想在沙滩上吹着海风把你高高抛起,
在你落回我怀里的时候给你一个带着海腥味的吻,
好笑地看你害羞得直跺脚的样子;
我想在清晨第一缕晨风吹进来的时候,
送给你一朵带着晨露的野蔷薇;
果不其然地看到你被刺扎到手的懊恼样子。

可是啊可是……
你是白衣天使,
我便只想你能在这世间平安静好,
而不是只活在我的心里。

山河无恙,你是人间春光;
国之有召,你是钢铁脊梁;
你是山峰高耸万丈,
你是溪水潺潺绝响,
你是春雷耳边炸响,
你是无名英雄千载流芳。

(曹玥瑶 四川大学空天科学与工程学院2019级本科生)

远 方
——献给抗疫一线的志愿者们
◎吴雅娟

我在远方生活
你是早起的鸟儿
灰蒙蒙的天你已开始嘶鸣
终有一天
我将听见你的讴歌
你是向日葵中的一株
未有一丝光亮你就开始寻找
终有一天
你会为我带来光明
你是初春的微风
在柳絮纷飞中你开始起舞
终有一天
你将把我唤醒
你是童话故事里的乌龟
山路崎岖你独自一人上路
只为了我的远方
终有一天
你会回到我的身边

（吴雅娟　四川大学文学与新闻学院2018级硕士研究生）

舞

◎陈崴

某年春日他跳了一支献给寒冬的舞
观众和舞者都呼吸急促
害怕人生的刊物再无字可读
北风在开满樱花的窗口呜呜
躺在夜里的老人梦见母乳
火车开向大雾
他在清醒的日暮下跳舞
观众心有旁骛
没人知道这是最后一场演出
他的肉体和灵魂起伏
樱花落下来
新生儿啼哭

（陈崴　四川大学文学与新闻学院2017级本科生）

味　道

◎李可怡

它是从隔壁院子里飘来的，
轻易渗进了门窗。
它是浓浓的饭香，
是人们红晕脸上散发着的酒香，
是一幅幅大红纸对联上伴着的墨香，
是一家人围坐在一起阖家团圆幸福的味道。

除夕夜的倒计时是新年的专属铃声，
却也可能是生命的沙漏。
烟花绽放的一瞬间，
一场噩梦突然来袭，
就像童话故事里睡美人陷入沉睡的那一刻，
整座城被按下暂停键。

飘浮在城市的灰尘停滞不前，
是空气的颗粒感。
空寂的城塞满了人，
空寂的味道填满了心。

一切喧闹褪色，
被安上纯净的白。
有人说那是圣洁的象征色，
也有人说那是死亡的预兆，
弥漫着悲凉的味道。

还是那片白色，却演化成希望的火苗。
从口罩到防护服，
从手套到护目镜，
全副武装只为一个目标
坚毅与痛苦并行，
信心与决心相伴，
这场无声的战争，
透露着硝烟弥漫的味道。

面对未知、病毒和死亡，
这样一群热血的人站了出来，
他们把责任扛在肩上，
从五湖四海汇聚一方，
仿若天上星辰聚集，
闪烁耀眼光芒。
火神山雷神山小汤山，
山山相连；
一个人两个人三个人，
众志成城。

人民战士奋不顾身，逆行而战
舍小家团圆，践国家大义
召必战，战必胜
站在疫情防控第一线，
筑起一道坚不可摧的生命防线。
就像是一场无比艰难且代价沉重的拔河赛，
烟花褪色，呐喊渐起！
那是拼搏的味道，是胜利在即的味道。
汗水与泪水的咸与苦，

终将变成希望的甜!

也许等待的时间太久,
已忘却春天不知何时悄然降临,
喜悦里夹杂着难以言说的离别味道,
仿佛是一阵风,
吹醒了这座沉睡的城市,
吹下了人们面上的口罩。

推开门窗,
吸入肺叶的空气中是自由的味道,
是武汉大学珞珈山上樱花盛开的花香,
撩人的春色里徜徉着田野的芬芳,
小草突破大地的束缚,迸发出勃勃生机。
冰雪消融,这个冬天不会再冷;
万物复苏,人们的心终会回暖。
蓦然回首,是回忆里那股久违的味道

(李可怡 四川大学华西药学院 2018 级本科生)

新冠行

◎刘明霜

东新冠，西新冠，人闻新冠如闻虎。
病传未几日，染病人如堵。
昼染病，不胜数，风雨如晦愁云凝。
九人相聚互倾杯，忽闻一人染其病。
夜染病，莫敢看，一朝醒来人成倍。
可怜荆楚新春寂，新冠磔磔危亡时。
幸哉！
为政果决，城门闭。
国士无双，不眠医。
各行同胞，集物资。
中华百姓，自隔离。
何须骑天龙，上天府，呼天公，
乞天母，洒天浆，散天乳！
九州儿女皆同力，黄泉化作回春雨。
凛冬散尽星月明，江城樱花逐风舞。

（刘明霜　四川大学水利水电学院 2018 级本科生）

春 回（外一首）

◎廖傲梅

寒风苟延残喘着
窗台前
新绿正翘首以盼
院落边
桃樱在欢歌雀跃
他来了，她们笑了

暖阳再次升起
融化了在方舱中的你我
踩着光的剪影
披荆斩棘
奔跑着，奔跑着
对生活说
你好

我所爱的生活

我所爱的生活
当然是——
考了驾照要整个自驾游
期待父母眼中长不大的我能独当一面
看到援鄂归来天使们脸上溢出的笑容
三月桃樱夭夭
想在这五彩斑斓的春天里做着幸福的梦
生活中的期许还剩下许许多多
想在世间闯一闯的勇气也不曾消失
把每一天的热爱，一半储存一半分享
让自由散在风中
而生活住在风里

（廖傲梅　四川大学文学与新闻学院2018级硕士研究生）

星星之火,一片新的原野(外一首)

◎袁春兰

火光,从微弱中生发,攀着山河旺盛滋长
燃起,披星戴月的征程,庚子年前后的风霜
它看到,一声问候隔绝在灯火阑珊之处
来去匆匆的人影,阁楼倏然空荡荡

寂寞长街尽头,十字地标建筑战役打响
紧张,等待,抓住那抹白色的意象
烛光闪动着追逐时间,不舍分毫希望
镌刻脸上的印痕,化作生命绽放的微笑
时代的英雄不着一字,又分外厚重
用坚实的臂膀垒起一座名为火神的城墙

火光一跃而起,翻越斑驳的五千年历史
新的一页,因疫翻开,由义写就
资金,志愿者,防护物:四方关切
口罩,消毒液,体温计:各自安好
身处须臾之地,心系同天风与月
爱的桥梁架起时空的跌宕,生生不息

一颗颗聚拢的火光点亮，哀悼
铺满苦涩味的山川、图腾与海洋
黯然失色的帷幕，四月四日的旗帜半降
泪水潮湿了增长的数字，灯影下的守望
安魂曲响，回忆在心中酝酿
火光向上，开出一朵潋滟的白菊花

不灭的火，经风雨，洗礼愈加澄澈的光
原野记录明朝，挥散雾霭，星星点点
松柏破冰，黄莺鸣翠，转眼夏荷吐芳
——山河苏醒，吟唱清平，崭新的太阳

隔不断的思念

书本上跳动的音符
映入眼帘的旋律与绿色
翻动纱窗，向无人的街道致意
信笺摇曳飞上云端，换鸿雁一声问答
你我的距离隔着璀璨星河
无他，是否安好？
河畔的画廊依然清晰明澈
石砌的长桥少了书声琅琅
孕育的红豆盛开水中
月光下缓缓荡漾
反侧辗转，倾听生命的顽强
梦境闪现的景象——双手紧握
滋养出逐渐逼近的明媚的天空
珍惜，长辈叮咛随着酒香飘洒
滋润时间，静静品尝
珍重，同袍相伴互赠的笔记
点亮了孤单，感恩了岁月
不忘，心中默默然
遥远的你我未见，同源的象形字
刻下隽永的印记，延伸一座丰碑
方寸之地，虽困住身躯

思念的轮船已随岸停歇
伴着箫声飘向浩渺的心之所向

(袁春兰　四川大学文学与新闻学院 2018 级硕士研究生)

疫情期间的影像与印象
◎朱艳羽

除夕夜的钟声
像一声哨
奔跑过混凝土、白色的病床和远方的旷野
在交织着喜悦和绝望的
分裂的空气里
唤醒一声声温柔的啼哭
生的气息
仍被禁锢在
笼罩着恐慌的空荡与停滞里

没有人知道
躲在消毒水气味
和蓝白色肃穆背后的生活
会延伸至何时、何地

但我们仍然
怀抱着虚弱但坚定的勇气
在笑与温热的泪中
在护目镜和口罩后的氤氲里
以无形对抗无形
以无声瓦解无声
以谎言抵御谎言
以悲痛解构悲痛
以爱战胜疫

（朱艳羽　四川大学文学与新闻学院2018级本科生）

相 逢

◎麻丽娜

遥远的关于"鄂"的传说,
从平城以北延绵荆楚以南,
在这个春天,就这样相逢了。
这相逢长达 1200 千米,
辗转多个交通工具才能抵达。
这相逢很累,不停奔走,
33 个床位道不尽辛酸苦痛。
有人受伤依旧战斗在前线;
有人大龄却不忘学医初心;
还有人带着非典的遗憾,
誓死要将理想交付国家。

这个本该多情多景的春天,
兀地生出苦难的喊声,
樱花无人眷顾,汉水浅眉低吟。
唯有相逢能治愈悬而未决的恐慌。

相逢里多的是惦念。
那时的满腔热血,
像一道霞光止不住放射,
似一江春水倾泻着固执。
日夜伺服呵护生的权利,
耄耋老翁重现可掬笑容。

相 逢

某日的某一个时辰，
转角就是胜利的曙光。

未来的时光里，
每一公里，每一年，
每一个人物和他的故事，
我都会思念。
那曾经最崎岖的路，
风的尽头是不落的太阳，
在更远的地方存着希望。
花开花落，
终于有了甜蜜的相逢。

我只需要永远记着一件事，
我曾带着白衣天使的翅膀，
载爱而归。

（麻丽娜　四川大学文学与新闻学院 2017 级硕士研究生）

你脚下是你的土地
——写给一线的社区工作者
◎吴瑾若

你脚下是你的土地
踩着清晨空旷的晨曦
你脚下是你的土地
溅起冬日无人的脏泥
全副武装
披上前线的冲锋衣
披荆斩棘
点燃不屈的火炬

值班室彻夜不灭的明灯
大门口风雨无阻的守候
冲在第一线与易感人群擦肩而过
忙碌，高危
拦下行人、车辆
兢兢业业地践行
询问来源、去处
巨细无遗地记录

你脚下是你的土地——写给一线的社区工作者

最寒冷的日子
你们与之同行
最危险的低隅
你们绝不放弃

你的胸牌象征你的职责
你的脚下是你的土地
呐喊，
像当年为人民服务的宣誓
你披上不见血的战衣
基层干部铸成血肉长城
你走在望不见头的归期

（吴瑾若 四川大学法学院 2019 级本科生）

开往春天的地铁

◎崔一丁

这个冬天，
漫长黑夜，
我们在寻找开往春天的地铁。

回首来路，
锦绣河山、万人空巷的盛景，
依稀还在眼前。
我们曾在人民广场之上高歌时代，
也曾在胡同弄巷里放荡青春。

可谁曾想，
美好，不过过眼云烟。
转瞬之间，恍如隔世。

这个特殊的春节，
比团聚更多的是离别。
当长城喧闹不再，
当故宫散去人烟，
有的人永远留在了那个苍白的冬天。

开往春天的地铁

世人说,
我们活在最坏的时代,
腾飞的现代化交通,
招致了病情的快速扩散;
爆炸式的信息谣言,
让我们惶惶不可终日;
纵横捭阖的国际局势,
更是让我们面临着前所未有之诘难。

但同样,
这亦是一个最好的时代。
纵山河有恙,
也不敌这世间热忱。
"全国一心"从中南海传出,
这一次,四方青年披甲上阵、驰援武汉。
丈夫未可轻年少,当似山河挺脊梁。
满城风雨挡不住前行的脚步,
没有什么生而奉献,
不过选择无畏。
这座古老的城池凝视着他们的离去,
守望着英雄们的归来。

等啊找啊追啊,
我们终将登上开往未来的地铁。
那些暂时被阴暗笼罩的角落里,
希望之花破土而出、欣欣向荣。
一切都将过去,
一切终将过去,
生命将因其不能承受之重而更加光亮。

(崔一丁　四川大学国际关系学院 2018 级本科生)

爸爸的饭菜

◎陈玉纯

午后与傍晚
厨房里有一个忙碌的身影
传来阵阵清香
女儿闻香而来
不小心看见爸爸头上的汗珠
还有那后背的大片汗迹
含泪转过头

爸爸给女儿做饭
饭中却不只有菜
还饱含着浓浓的爱

每一道菜
是爸爸与火的亲密接触
是爸爸对这个家的珍爱
是爸爸眷恋快要长大的女儿
是爸爸希望陪在女儿身边的时间长点

爸爸的饭菜啊
女儿吃得很香也很珍惜
女儿终于有些时间陪爸爸吃吃饭了

爸爸的饭菜啊
女儿吃得很香却很想哭
女儿不想长大
想留在爸爸身边
每天吃爸爸的饭菜

时间,求您再慢一点吧
让爸爸的饭菜多一点热乎
让女儿多享受偷来的时光

(陈玉纯　四川大学文学与新闻学院 2019 级本科生)

思抗疫英雄有感（外一首）

◎王言

庚鼠开年疾疫乱，祸临江城人心惶。
云水泱泱百万众，惙怛伤悴怎堪防。
幸得丹心白衣客，立马剑门辞关乡。
履难涉险终不悔，愿挽天倾赴国殇。
利名生死两相忘，尽守职忠历苍茫。
针起沉疴除病瘴，妙手岐黄续辉光。
众心所向难关渡，魑魅魍魉皆消亡。

致逆行者

江城岌岌，病魔肆狂。生灵涂炭，举国惶惶。
生逢此难，万众避散。唯君决然，慨歌逆行。
诀支别亲，遴选大义。兰衣铸甲，指印丹心。
巍巍大任，不辞请缨。生死度外，铁骨豪情。
许国救难，何求戴爱。济焚拯溺，义岂容辞。
践医者之仁心，行悬壶之道义。
拯同袍于水火，固祖国之安宁。
无以致情，唯诗一曲。愿君康健，凯歌以回！

（王言　四川大学生命科学学院 2017 级本科生）

医　生

◎刘若楠

热气腾腾的血淹没呐喊与哀哭，
你背向坟墓，只留下孤绝的身影，
受苦的亡魂缠绕死神的手臂，
你打开心脏，
沉默，教会我向死而生的意义。

浸透血的十字点燃最安静的晨光，
灵魂负伤献祭雪白的翅膀，
眼神之火照亮城市的夜，
我们相信生命，胜过死亡。

（刘若楠　四川大学文学与新闻学院2018级本科生）

我想念的

◎吴潇墨

我想念江安明远湖畔的蒲苇
每日清晨在学子的读书声中轻摇
不知道洪湖柔波中的嫩荷
是否也在同样的曦光里悄舒一角
我想念望江弘毅路边的梧桐
每日正午给予行人温柔的荫蔽
不知道珞珈山下的雪樱
是否也在同样的春阳下暗送馥郁
我想念华西灰瓦红檐的钟楼
每日傍晚默默目送披穿白褂的身影
不知道逆行援鄂的医者
是否也在同样的暮霭里行色匆匆
我们或许曾经一起
陪伴着一教深夜不熄的灯火
奋战在理科楼明净的实验室
流连于医图馆摆满书的角落

现在我们中的一部分人
有些奔赴武汉　将学识用于实践
有些投入科研　让理论指导方法
有些积极创作　使助力形式多元
更多的是居家坚守　每日打卡　线上研学
虽隔千里　川大学子不分你我　时刻同行

我想念的或许不是蒲苇
是晨起诵学厚积薄发的自律
我想念的或许不是梧桐
是与友同行交流观点的自在
我想念的或许不是钟楼
是低头沉思后顿悟出的自我
居家的时光不会将这些磨灭
我们终会相见
但不该是在大意松懈的时刻
川大精神教会我们博爱与奉献
川大对师生的守护令人安慰
我相信学校　也相信自己
更相信在万千同胞的共同努力下
汉江上的黄鹤　终会振翅飞向光明

　　　　　　（吴潇墨　四川大学法学院2017级本科生）

红日磅礴云烟开

◎郑祖扬

春风吹不寒人面
屠苏酒慰暖倾心
盛夏来临前我写下
秋华深植于土,冬雪厚养万物
今天的阴霾散尽在明日的朝阳里

疫情冷峻人心未寒
国是家的国,家是国的家
党员身负重任不辱使命
人民的安危系于一身
东方古国倾听千年雨声后
依然屹立于民族之林
她的子民英勇无畏,死生契阔

眼中也曾闪过一丝迟疑
但生命已刻不容缓
临危受命咬定了方向
从容走上坚决的道路
这一路上没有孤寒,只是感怀
临行的风帆猎猎作响
离别的人儿英勇可爱

遥望那远去的英雄背影
远方垂危的光芒再次点亮
五度出征①势必胜归
行进路上永葆平安

师生勠力同心的念想
还有那志愿之歌的响召
平凡的肩膀撑起了天的重量
身处家室之幸，未敢忘国中之忧
用泥泞的手救天下沉浮
垒起守护的片片砖瓦
广庇故土上寒士欢颜

（郑祖扬　四川大学经济学院2018级本科生）

---

① 五度出征：川大先后派出华西医院的五批医护人员奔赴抗疫第一线。

春 归（外二首）

◎卢思宇

自冷清的天府之国
罕见飘落的雪花尸骸上
生长出花朵
春归的笑声里，泛着哀伤

迎春的黄花
不因料峭的风跌倒
是那，是那蝙蝠般的谣言
翩翩起舞，肆无忌惮

尽管捂上了耳朵
它们会在你脑子里叫嚣
就算闭紧了双眼
它们还敢在睡梦里上演

团雀，三两只，窝在
温馨的窠臼中
蜷缩着，哭泣着，沉默着
脆弱的眸里，是坚定

春 归（外二首）

一身白羽　逆着寒风西北而飞
披着和暖的阳光
撒下温柔的酥雨
疲惫的眼里，溢满血丝

看啊听啊，春雷奏响凯歌
一切的邪祟，都焚成腐土
钻出绿芽，绽放赤红的花
春归的哀伤里，坚毅暗藏

时疫里的一日三餐

一碗豆浆两根油条
十几年前，二十多年前
我的、父母的，一顿早餐
价格变成十倍，收入也是十倍
许多东西变了也没变，一直变着

黄酒焖的红烧肉
吃罢后，有人远去
影子落在东方的群山之中
我问，你要远行吗
群山答，你要远行吗
滴入心间，荡起涟漪，是回答
你还会回来吗

下午茶时分，太阳热情
表哥指着唯一份的冰淇淋
你吃吧，我不吃凉的
漂浮着冰块的可乐，喝得正欢
然后各分东西

我们是青蛙，时间是水
谁能预见它在何时变成烈焰
细细地把人碾成灰

撒在风中,撒在江里
去看这个世界
听所有精灵的欢呼
聆听吾等永恒的悲哀

花开了

已是仲春的三月
正当百花争艳时候
悠悠地
一朵花将从枝头落下

闭上眼睛、捂住耳朵
不去看风将花折落
不去听雨晕染出绯红
波心没有涟漪

古人曾说过许多故事
不为他人辩驳的沉默者
终会在寂静里灭亡
可人生下来
不当活在故事里
何必自我陶醉于虚幻

自是花开又花落
春去又春来

(卢思宇　四川大学文学与新闻学院 2018 级本科生)

花开的季节

◎张亚楠

我相信这个春天
依旧是开花的季节
父母兄妹难得地长聚于家
是亲情之花
精神的停歇生息
全国各地热情地捐资捐物
是团结之花
胜利的冲锋号角
千千万万志愿者无畏支援
是奉献之花
美丽的象征符号
我相信这个春天
依旧是花开的季节
花开万朵
辉光遍洒
果实可期

(张亚楠　四川大学化学工程学院2019级本科生)

三更读诗遥寄武汉（外二首）

◎胡元鹏

在深夜念诗
是一种别样的意味
读声琅琅，书香眷眷
平静的夜划成两半
一个是渭北春树
一个是江东暮云

夜的一边
山川，江河，我的家园
是春回大地的鸟语花香
脉脉柔情
纤纤素手轻轻抚慰
化解了自然的冰霜

夜的另一边
武汉，中华，我的家园
语言的锋芒张出了翅膀
在疫情肆虐里深入浅出
举国上下，同样的牵挂
所有一切，和时间赛跑
我从诗词里出发

退出外物，春风引路
只愿文字化成一缕春风
吹散人间的冰霜

看那花草的倔强
是春天的号角
看我九州的齐心
是胜利的光芒
国泰民安，海清河晏
是中华盛世！

卜算子·赞中华

风雪送冬去，新雨迎春到
人言幼苗弱难堪
虽是柔弱，纵是柔弱
可破旧土出新芽

狂风入中华，病毒侵汉城
都知飘零似沙鸥
虽是零星，纵是零星
必除新冠复旧平

庚子武汉抗疫有感

儿女翘首待新年，武汉突现病毒侵。
疫情骄横自狂妄，华夏齐心必相赢。
三军将士剑出鞘，九州大地克敌明。
壮哉幸当迎盛世，家国一片河晏清。

（胡元鹏　四川大学电子信息学院 2019 级本科生）

明 天

◎黄若曦

十二年前我坐在操场上大哭
一瞬间明天顿时成了空白
后来却笑了
看到了有人在上面写字
很快就能完成
明天很美

十二年后我坐在电脑前傻笑
三个月明天暂时还写着字
每天擦除一点点
上面标注着保存的期限
看起来还很遥远
明天很美

（黄若曦　四川大学艺术学院2019级本科生）

川大与祖国同行（外一首）

◎郑钰科

庚子年初，山河肃穆。
突如其来的新冠肺炎疫情，
揭开了疫情防控阻击战的序幕。
湖北告急！武汉告急！
值此紧要关头，
川大儿女怎能视若无睹！

于是，川大二百一十二名医护人员，
英勇无畏，冲锋在前。
他们是勇士，
向疫情最重的地区迎难而上；
他们是英雄，
将舍己为人的红旗高高飘扬。
他们是锋利的手术刀，
剖开病毒的凶恶外表；
他们是坚固的防御网，
守护同胞的生命健康。
他们同时间赛跑、与病魔较量，
将川大精神谱写成夺目的绚丽华章！

他们是先锋队,
我们是后援团!
虽不能直奔战场对抗疫情,
川大学子录视频、写文字,
喊出拳拳赤子之音;
虽不能身披大褂冲在一线,
川大校友捐善款、筹物资,
拉起坚固后勤铁链。
川大儿女,在抗疫斗争中,
交出了一份令世人惊叹的答卷!

我们没有留下面孔,
但留下了无畏和英勇;
我们没有留下姓名,
但刻下了川大人的烙印。
我们与前人接踵,
我们同未来和鸣。
我们歌唱锦绣的时代,
我们助力民族的复兴。
川大,与祖国同行!

我们不会忘记

我们不会忘记在这个春天里肆虐的病毒。
它夺走了节日的喜庆祥和,
夺走了同胞的健康和生命,
给我们留下满目疮痍和深深苦楚。

川大与祖国同行（外一首）

我们不会忘记 1 月 23 日。
那一天，武汉封城，
仿佛在宣告着战"疫"的序幕。
全国医护飞奔驰援、各类物资紧急调送，
我们同时间赛跑、与病魔较量，
中华民族怎能认输！

我们不会忘记那千千万万医护人员，
社区工作者、志愿者和后勤保障人员。
他们舍己为人、坚守一线、默默付出。
全国人民的健康和静好岁月，
是由他们在用生命咬牙守护。
我们不会忘记火神山、雷神山医院。
它们凝聚着磅礴之力，彰显着中国速度，
它们挺立在荆楚沃土，吸引着全国关注，
它们是抗疫的堡垒，
它们是病毒的坟墓！
我们不会忘记英雄的武汉和武汉人民。
七十六天的隔离是我们无法想象的痛苦，
但当"武汉加油、中国加油"的呐喊此起彼伏、
当庄严的国歌从房间唱出，
我们便知道任何磨难都打不折、
敲不碎英雄人民的铮铮铁骨！
如今，云销雨霁，彩彻区明，
但我们不会忘记那段艰难的日子。
曾经每个封锁的通道，沉默地写下了坚定；
曾经每个鏖战的夜晚，执着地托起了黎明。
我们，不会忘记。

（郑钰科　四川大学文学与新闻学院 2019 级本科生）

醉后的画

◎闫凯

天空乍来几声飞鸟的回响
像儿时绿皮车经过火石轨的咯吱声
一位可爱的姑娘泊在桥边荡漾的小舟上
轻轻挪动的步履趁着幽暗模糊的体态徜徉

清澈的湖水揉碎了一滴鹰的眼泪
那人的嘴角浸润流泻的闪亮
惊醒一通连绵的沉睡与微澜
那被人诱骗出的玛瑙色的流光锦鲤
结队成群地嬉戏在姑娘的罗裙旁
船夫一只手驱赶水的女儿柔顺的精灵
另一弯腋窝卡住船舷的木沿
似摆非摆地晃动着船桨
他腰间的葫芦酝酿一抹夏夜的金黄

结连昨日的旧梦乘着一片琉璃金雨蹒跚而来
慢慢滑向河流的最深处
那看不见的黑漆树林挡住的地方
护城河的雾气将迷蒙的夜色稍稍盖上
我的草帽衔一汪碧绿的河水
我爱的人手捧白月光

(闫凯　四川大学文学与新闻学院2018级本科生)

曾经也装聋作哑（外一首）
◎彭初倩

疯狂的讯息被打包着邮寄到家
企图　打开房间所有的开关
大门敞开　窗户敞亮
等着风把它们吹走
时间把厄运催走

如果天花板是荧幕
会用整天讲述关于
那个城市的故事
病床上的日落
看不尽的樱花

硕大的浪漫总是超越时空
感动人类
信念的遥远传递
彼此投射
总是被从上到下
不会疲惫地贯彻

一些由此及彼的希冀被称作祝福

今天有努力克服吗
生活制造着不易
让无澜的时间
有风声,有雨露

我们越来越自闭的生活
因为一些人
一直敞开着不大的出口
常常被左右
轻信,易感,逃避
大家都是

我们
通过联系世界激发灵感
在封闭的玻璃房里
恒温的春天在悄然度过

我亲爱的朋友
我一度试图说段长长的话
但词语被反复搭配使用
我难以再创造性地描绘

在常常被视而不见的夜晚
我想从月光那里
借一点温度
填满你的心脏
给它去一次角质

(彭初倩　四川大学文学与新闻学院2019级本科生)

房　间

◎周子琪

冬天人们需要
待在温暖的房间
而一月的房间盛满冬天
房间外是未知
是谜一般的雾
摔成碎片的恐惧

房间里的时间
漫长得让人怀疑
这或许是一场游戏
把人骗到口罩背后
大摇大摆从房间里走出的
只有动物

房间之外有白色的房间
有人进去了就消失了
有人出来了便懂了：
生、死、悲、欢
都不过一刹那

一个人的房间
住着牵挂和思念
无人的房间
是他人的牵挂和思念
如果不能打开窗户
那便祈求阳光
能穿过厚墙
消融一室的冰雪

没有永恒的冬天
只有一双双手在救赎
若能走出房间
房间之外已是春天

（周子琪　四川大学文学与新闻学院2019级本科生）

共 念

◎刘诗雅

三月，城市清冷异常
高耸的大厦倒映出萧瑟和寂寥
郊区的油菜花身姿摇曳
金黄的花海诉说着生命与希望
立于田野，远远望去
似一颗石子投入心湖
打破长久的沉寂
站在花丛中
一抹暖色渐渐浸入心底
驱散烦闷与恐惧
看着周遭的美景
恍然忆起油菜花的花语
一句简单的加油
是啊，加油
一切都会过去
看——
就算薄纱笼罩
不也依旧绽放
不远处的你
是否也有此共念

（刘诗雅　四川大学水利水电学院 2017 级本科生）

四 色

◎吕敏晔

我沉入睡眠
梦里染上暗淡的灰
但动脉里奔涌蓬勃的红

我缓缓醒来
春风拂过面庞上的蓝海
颤动了枝头的粉樱初绽

(吕敏晔　四川大学文学与新闻学院2019级本科生)

天使的手（外一首）
◎曹甄莹

当新冠病毒无情蔓延武汉，
当城市灯光慢慢变得灰暗，
您毅然挥手告别逆行出征，
用你平凡灵巧温暖的双手，
挡住来势汹汹狰狞的凶手。
啊，天使的手，
就像严寒中绽放的迎春花，
就像黑暗中一束光明火炬，
您用胜利的手势，
相信我：武汉必赢，中国必胜！

当方舱医院病人急剧增多，
当病毒击倒了市民和医生，
您无所畏惧，用您的手，
用您平凡灵巧温暖的双手，
向病人传递温暖战胜恐惧。
啊，天使的手，
长时间被汗水浸泡起褶皱，
就像刺向病毒的利剑和防线，
您用胜利的手势，
相信我：武汉必赢，中国必胜！

我们之所以如此信心百倍，
我们之所以如此力量强大，
我们之所以能手托起城市，
我们之所以能手拨开乌云，
那是因为有党的巨手指引，
我们才能打赢这场阻击战。
啊，天使的手，
就像美丽春天的一个符号，
十四亿中国人民手挽着手，
实现中华民族的伟大复兴。

致逆行者

二〇二〇年的冬天，
病毒成群结队肆虐，
新年的钟声被催眠，
武汉城按下暂停键。
黄鹤楼孤望长江水，
倚楼凭栏盼望星空，
殷殷祈求火速增援。

这场战役没有硝烟，
荆棘丛生处处渊险，
逆行无畏奔赴前线，
命运未卜生死犹悬。
声援呐喊已抵笔尖，
携手前进共克时艰，
春暖花开静待凯旋。

（曹甄莹　四川大学外国语学院 2019 级本科生）

抗疫记事（组诗）

◎杨瑞

战 疫

沉疴共济度长更，
借语云开伴出征。
战疫驰援唯礼赞，
江城载梦道心声。

无 恙

请缨战疫共同舟，
庚子新元济国忧。
盼首樱开添暖色，
山河无恙越春秋。

复 立

天道光明国士应
南山新冠转分明
更无英雄履虎尾
唯有众允志上行

（杨瑞　四川大学生命科学学院 2017 级本科生）

白衣逆行

◎林若然

驰援荆楚地,锐旅定孤城。
敢赴千关漫,争从万里行。
冯唐犹不老,李广亦能封。
素雪征衣色,回春胜柳风。

(林若然 四川大学艺术学院2018级本科生)

晚（外一首）

◎张佳怡

嘘，已偷偷留门
快悄悄溜进
纵夜幕模糊来路
帘布暴露意图
缓缓浮动触碰
轻轻呢喃道安
蓄谋已久的邀约
无人知晓的来过
你好晚风
你说晚安

早

滴滴滴
闹钟慢炖着清晨
升温混沌睡意褪去
咕噜噜
天际沸腾得太阳溢出
迷蒙知觉调动
万物匆匆给世间调味
谁的步伐迈开
静悄悄
死去的醒过来

(张佳怡 四川大学生物治疗国家重点实验室2019级本科生)